Interview mit einem Gefühlsklärer

Sandra Silber

Interview mit einem Gefühlsklärer

Was er denkt. Was er fühlt.

Bibliografische Information der Deutschen Nationalbibliothek:
Die Deutsche Nationalbibliothek verzeichnet diese Publikation in der Deutschen Nationalbibliografie; detaillierte bibliografische Daten sind im Internet über http://dnb.dnb.de abrufbar.

Titelbild: Alexander Dreher/ pixelio.de

Herstellung und Verlag: BoD – Books on Demand, Norderstedt

ISBN: 978-3-7322-4890-2

Inhaltsverzeichnis

Vorwort

Liebe Leserschaft.

Als Journalistin habe ich schon über einige Dinge berichtet, die mich sehr bewegt haben: Ich war beispielsweise 1996 für eine Reportage im Jugoslawienkrieg unterwegs. Später schrieb ich auch über viele tolle Ereignisse, Jubiläen, Siege, Niederlagen und Schicksalsschläge aller Art.
Aber diese Zeilen, die nun folgen, sind die bewegendsten, die ich jemals verfasst habe: Ich danke meiner Dualseele Manuel, dass er sich für ein Interview mit mir bereit erklärte. Er erzählte mir in einem Gespräch, wie er als so genannter Gefühlsklärer unsere Dualseelenverbindung sieht.
Zudem möchte ich meinem Leser Alexander aus Österreich danken: Auch er ist Gefühlsklärer und obendrein Geistheiler und hat meine Fragen zur Dualseelenthematik auf spezielle Art beantwortet.
Und so entstand dieses Werk: „Interview mit einem Gefühlsklärer. Was er denkt. Was er fühlt."
Ich habe beim Gespräch mit Manuel und Alexander wie immer sehr viel über mich gelernt. Und auch, was in Gefühlsklärern wirklich vor-

geht. Und ich ahne, dass wir Teil eines großen Plans sind.
Beide Interviews waren komplett verschieden: Ein Interview, zwei Männer, zwei Gefühlsklärer – und auf den ersten Eindruck unterschiedliche Antworten. Im Kern haben sie aber eine ähnliche Essenz.

Danke, Manuel. Danke, Alexander.

PS: Besucht mich auf meiner Onlinebase www.meine-dualseele.de

Über unsere Geschichte

Mein Name ist Sandra Silber, ich bin Journalistin von Beruf und bislang zählte für mich nur, für was ich Beweise finden oder was ich anfassen und sehen und damit begreifen konnte. Ich lernte meine Dualseele Manuel 2008 völlig unvorbereitet über meine Arbeit kennen. Von Dualseelen hatte ich damals keinen blassen Schimmer und ich hätte mich auch freiwillig damit nicht befasst.

Unser Zusammenkommen war sehr anstrengend, aber wir wurden letztendlich ein Paar, erwarteten Zwillinge, wollten heiraten, der Termin stand. Und dann kam der große Schlag. Der ganz große Schlag, der in einer schmerzhaften und brutalen Trennung endete, die ich eingeleitet hatte.

Und obwohl ich eigentlich froh war, diese chaotische Beziehung beendet zu haben, ging es mir schlecht. Manuel ging mir nicht aus dem Kopf. Ich träumte jede Nacht von ihm. Meine Gedanken kreisten um ihn, und egal, was ich unternahm, um ihn zu vergessen – es gelang mir nicht. Bis ich 2012 damit konfrontiert wurde, dass er wohl meine Dualseele ist. Und seither ist in meinem Leben nichts mehr, wie es war.

Ich habe darüber zwei Bücher geschrieben: „Dualseelen – Abwarten. Tee trinken. Trans-

formieren“ und „Dualseelen – der Weg zum Glück.“
Mit „Interview mit einem Gefühlsklärer“ möchte ich anderen Dualseelenbetroffenen die Chance geben, Antworten auf ihre Fragen zubekommen und damit zu verstehen, was im Dual vorgeht.
Manuel begann unmittelbar nach unserer Trennung eine Beziehung mit einer neuen Frau, mit der er heute zusammenlebt.
Ich zog mich nach dem Crash erst mal zurück und begann, mein Leben zu hinterfragen. Und plötzlich kam ein enormer Transformationsprozess in Gang, von dem ich in „Dualseelen-der Weg zum Glück“ berichte.
Nach diversen Kontaktabbrüchen von beiden Seiten haben Manuel und ich einen Modus gefunden, dass wir konstruktiven Kontakt haben, ab und an. Die Idee, ein Gefühlsklärerbuch zu schreiben, kam von Manuel.

Die Fragen, die in diesem Buch aufgelistet sind, stammen teilweise von mir, teilweise von meinen Lesern. Manuel antwortete stets aus seiner Sicht als Gefühlsklärer, der mit mir als Loslasserin in einer Beziehung lebte. Alexander, mein zweiter Interviewpartner, hat seine Dualseele noch nicht kennen gelernt, weiß aber als Gefühlsklärer und Geistheiler auch um die spezielle Dynamik in diesem Thema.

Erklärung der Abkürzungen: GK = Gefühlsklärer LL =Loslasser

Interview 1, Manuel, Dualseele von Sandra Silber.

Was denkst Du als Gefühlsklärer über mich, wenn ich Dir trotzdem quasi „nachlaufe", obwohl Du manchmal nicht sonderlich freundlich zu mir bist?

Es ist schön zu wissen, dass es da jemanden gibt, der so viele intensive Gefühle für mich hat. Ich fühle mich dann irgendwie – wie soll ich es ausdrücken – (überlegt) nicht so verloren. Aber als Gefühlsklärer schaffe ich einfach nicht, Dir das zu geben, was Du im Gegenzug dann von mir erwartest.

Warum kannst Du Dir nicht einfach wieder eine Beziehung mit mir vorstellen, obwohl wir uns jetzt gut verstehen und uns auf einer ganz anderen Basis als früher begegnen?

Das ist ganz einfach: Die Loslasser wollen, dass die Gefühlsklärer ganz viel ändern. Und zwar ganz schnell. Das wollen und schaffen wir Gefühlsklärer oft gar nicht. Ich beispielsweise würde mich überfordert fühlen. Zudem spielt bei mir dann auch noch das Umfeld eine Rolle: Viele würden mir abraten, mich nach diesem Megacrash erneut auf Dich einzulassen. Ich denke, dass das meine Lernaufgabe ist: Mich frei zu machen von dem, was mein Umfeld sagt, obwohl ich schon nach der Trennung einiges angepackt und auch in den Griff bekommen habe. Aber momentan habe ich keine Kraft, mich mit meinem Umfeld wegen Dir auseinanderzusetzen. Deshalb rede ich da mit niemandem drüber, wie es mir in Bezug auf Dich wirklich geht.

Wie geht es Dir als Gefühlsklärer, wenn Du erfährst, dass ich mich für eine neue Beziehung entscheide oder mich verliebe?

Mich stört es nicht, wenn Du dem der Fall wäre. Ich bin überhaupt nicht eifersüchtig. Es ist halt so.

Wie machst Du das eigentlich, dass Du mir auf der einen sagst, dass ich in Deinem Herzen bin und Du mich liebst – aber gleichzeitig lebst Du ja mit einer anderen Frau in einer Beziehung? Ich stelle mir das total

anstrengend vor, zwischen zwei Welten zu leben.

Ich habe einen Modus gefunden, damit umzugehen und es ist einfach meine Sache, wie ich zu Dir stehe. Ich rede mit niemandem darüber; das mache ich mit mir alleine aus. Jeder hat ein Recht, sein Leben zu gestalten, wie er es will. Und das ist eben meine Form, damit zu leben. Ich lebe beides. Diese Liebe zu Dir, und die zu meiner Freundin. Ich habe kein schlechtes Gewissen dabei.

Wie würdest Du die Liebe zu mir als Deine Dualseele beschreiben? Ist sie geschwisterlich?

Nein, auf keinen Fall geschwisterlich. Viel, viel intensiver und tiefer. Ich habe so eine Liebe noch nie zu jemand anderem empfunden wie für Dich. Ich liebe auch meine Partnerin, aber auf eine andere Art und Weise. Die Liebe zu Dir ist etwas ganz Besonderes.

Denkst Du als Gefühlsklärer auch so oft an mich wie ich an Dich?

Mit Sicherheit. Mein erster Gedanke beim Aufwachen bist Du, Sandra. Du bist auch mein letzter Gedanke vor dem Einschlafen. Ich freue mich, dass es Dich gibt. Aber es gibt auch Tage, da bin ich einfach sauer auf Dich, weil alles so kam, wie es kam. Aber eigentlich akzeptiere ich alles wie es ist.

Vermisst Du mich auch so wie ich Dich vermisse?

Auf jeden Fall. Es gibt Tage, da vermisse ich Dich ganz unglaublich stark. Aber ich habe damit gelernt, umzugehen. Ich habe nach unserem Crash eine psychologische Therapie gemacht, da habe ich gelernt, mit diesen Stimmungswechseln umzugehen. Ich akzeptiere das Vermissengefühl, damit es wieder gehen kann. Dann zieht es mich nicht so runter.

Erkennst Du Deine Aufgaben, die Dir unsere Dualseelenbegegnung stellt?

Ja, ich erkenne meine Aufgaben. Aber ich denke, man muss in dem Dualseelenthema drin sein. Wer sich damit nicht befasst, wird seine Lernthemen wohl nicht erkennen. Und ich kann nur sagen: Man kriegt täglich seine Aufgaben. Ich zum Beispiel denke, dass ich es nach und nach lernen darf, mich vom Einfluss meines Umfelds zu befreien. Dafür habe ich schon an meinem Selbstwert gearbeitet und mein Leben hat sich ziemlich geändert. Ich kann sagen, dass ich gestärkt aus dieser Krise rausgegangen bin. Ich kann inzwischen auch besser „Nein“ sagen zu Dingen, die ich nicht tun möchte. Und ich überlege mein Handeln.

Geht es Dir auch so, dass Du im Alltag immer wieder an mich erinnert wirst? Beispielsweise durch Initialen auf Autokennzeichen?

Oh ja! Es wimmelt im Alltag nur so von Erinnerungen an Dich. Erst vorhin war ich bei einer Firma und musste ein Teil zurück bringen. Vor mir war ein Mann, der kaufte was und sagte ganz laut: „Die Rechnung geht auf Firma Silber.“ Ich stehe dann da und denke: „Super! Wieder mitten im Thema drin.“

Wann leidest Du? Und wie leidest Du?

Am meisten leide ich, wenn wir miteinander Zeit verbringen und dann auseinandergehen. Das tut mir weh, weil ich weiß, dass wir kein Paar sind. Trotzdem ist die Zeit mit Dir so schön. Ich fühle mich wohl und mir geht es gut, wenn wir zusammen sind. Dann kommt der Abschied, danach geht es mir immer schlecht. Es geht mir auch nicht so gut, wenn der Kontakt abgebrochen wird, was Du ja mehrmals gemacht hast und ich ja auch.

Träumst Du so oft von mir wie ich von Dir?

Ich weiß nicht, wie oft Du von mir träumst. Aber ich träume jede Woche von Dir!

Hältst Du die Dualseelenthematik für eine Spinnerei oder glaubst Du daran?

Ne, das ist keine Spinnerei. Ich merke, dass es so was gibt, obwohl ich das selbst nicht für möglich gehalten hätte. Ich denke auch, dass eine Dualseelenbeziehung niemals endet, egal, was passiert oder egal, was man dagegen unternimmt. Ich befasse mich damit und lese da auch einiges drüber. Und alles, was ich darüber lese, passt zu unserer Situation.

Warum willst Du überhaupt Kontakt zu mir?

Ich mag einfach dieses Gefühl zwischen uns. Vielleicht ist es auch die Schwingung? Ich weiß nicht, wie ich es beschreiben soll. Ich fühle mich dann wie mit Dir vereint, wenn ich in Deiner Nähe bin. Es fühlt sich gut an, ist wunderschön. Das muss Ying und Yang sein.

Wieso ziehst Du Dich dann immer wieder zurück, obwohl wir doch harmonisch miteinander umgehen?

Wie schon erwähnt: Es tut mir weh, wenn wir immer wieder auseinander gehen. Ich würde Dich zwar gerne öfter sehen, aber ich kann nicht gut mit den Abschieden umgehen. Zudem habe ich Angst, verletzt zu werden. Du hast mich durch unsere Trennung und alles, was damit zusammenhing, enorm verletzt. Ich will das nie wieder erleben, deshalb vermeide ich es, in diese Situation zu kommen. Es ist ein Selbstschutz. Aber der Hauptgrund, warum ich mich immer wieder längere Zeit nicht melde ist der, dass es mir weh tut, da wir ja kein Paar mehr sind. Und auch keines mehr sein können. Ich habe zu viel Angst davor, verletzt zu werden. Ich würde beispielsweise gerne mit Dir eine Motorradtour machen. Ich weiß, dass das ein super Erlebnis wäre, bei dem alles, einfach alles stimmt. Aber es schwingt da einfach zu viel Wehmut mit: Ich kann diese Tour weder als Dein normaler Kumpel, noch als Dein Partner erleben. Es ist so ein Zwischending, mit dem ich manchmal nicht umgehen kann.

Aber diese Angst vor dem Verletztwerden wäre doch gerade eine Herausforderung, eine Lernaufgabe, oder?

Ja, das kann schon sein. Aber ich kann das im Moment einfach nicht angehen. Es macht mir

Angst, daran zu denken, dass Du mich verletzen oder treffen könntest. Deshalb weiche ich lieber allem aus. Es mag sein, dass ich dieser Angst nicht ausweichen sollte, sondern mich ihr stellen. Aber das geht jetzt nicht. Ich drücke es lieber weg.

Ich habe den Eindruck, dass Du als Gefühlsklärer sehr gut mit den Kontaktpausen umgehen kannst, wenn sie von Dir aus kommen. Was steckt dahinter?

Das ist ganz einfach: In den Kontaktpausen geht es mir sehr, sehr gut, weil ich dann in Sicherheit bin. Mir kann nichts passieren. Deshalb macht es mir nichts aus, keinen Kontakt zu Dir zu haben.

Warum steht Dein Verhalten so oft im Widerspruch zu dem, was Du sagst? Du sagst mir beispielsweise: „Ich vermisse Dich und will Dich öfter sehen" und dann meldest Du Dich wochenlang nicht mehr. Das verstehe ich oft nicht.

Wir haben ja auch nie wirklich etwas vereinbart, wie wir miteinander umgehen wollen. Wir haben immer alles offen gelassen und nicht besprochen, was wir tun. Ich will mich auch nicht mehr festlegen, weil das mit Forderungen von Dir verbunden wäre. Das kann ich nicht aushalten. Ich kann mit Dir nur Unverbindlichkeit leben, weil Du mich mit allem anderen unter Druck setzen würdest. Für Dich sind viele Dinge klar – für mich einfach nicht. Und dem Druck weiche ich aus.

Was denkst Du über mich als Loslasserin?

Ich frage mich, warum Du es nicht merkst, wie sehr ich Dich liebe. Ich habe keine andere Ausdrucksweise für meine Liebe. Aber ich glaube, Du merkst das einfach nicht.

Nein, ich fühle mich von Dir nicht geliebt, wenn Du mich wochenlang ignorierst...

Doch, ich liebe Dich extrem. Aber ich kann mich einfach nicht anders ausdrücken. Und damit sind wir ja schon wieder bei den Forderungen: Du erwartest etwas anderes, ich kann das aber nicht geben. Ich weiß, es ist schwierig und kompliziert...

Wieso fällt es Dir so schwer, offen über Deine Gefühle zu reden?

Hey, ich rede doch gerade über meine Gefühle, oder? (lacht) Nein, ich weiß, was Du meinst.

Das ist purer Selbstschutz. Ich habe Angst, angegriffen zu werden, wenn ich sage, was ich fühle. Ich denke, dass ist auch der Grund dafür, warum ich nicht mehr öffentlich zu Dir stehen kann. Mein Umfeld ist sehr dominant und dem Druck bin ich nicht gewachsen.

Warum kannst Du einfach keinen klaren Schnitt machen? Du könntest mir doch sagen: „Hey, ich habe ne Freundin, die ist toll. Ich finde Dich nett, aber mehr auch nicht."

Naja, ich liebe Dich einfach noch immer, auf eine ganz besondere Weise. Da passt einfach alles, wirklich alles, von den Gefühlen. Sowohl emotional, als auch körperlich. Ich weiß, das klingt jetzt verrückt, aber ich weiß einfach nicht, wie ich es anders machen soll als auf die Art, wie wir das jetzt praktizieren.

Und warum behandelst Du mich manchmal wie Luft?

Wenn ich ehrlich bin: Um Dir eine auszuwischen. Du behandelst mich manchmal auch wie Luft und Du sollst ruhig merken, wie blöd das ist. Aber ich merke immer mehr: Man tut sich damit nur selbst weh.

Warum antwortest Du manchmal nicht auf meine Mails?

Hey, eigentlich antworte ich fast immer auf Deine Mails, oder? OK, letztes Jahr habe ich Deine Mails ignoriert, weil mir das mein Psychologe riet. Er sagte zu mir, dass es besser sei, wenn ich zu Dir keinen Kontakt hätte, weil es mir nach unserer Trennung echt dreckig ging. Ich bin da in ein ganz, ganz tiefes Loch gefallen. Der Psychologe hat mir zur Auflage gemacht, keinen Kontakt mehr mit Dir haben. Obwohl ich das eigentlich blöd fand.

Aber es ist doch Dein Leben...Du musst doch wissen, was Du willst?

Ja, aber das kann ich einfach nicht. Das ist eben eine meiner Lernaufgaben, die ich durch Dich gespiegelt bekommen: Zu dem zu stehen, was ich will. In vielen Bereichen kann ich das. Aber in Bezug auf Dich kann ich das eben nicht. Und trotzdem liebe ich Dich.

Wenn ich Dir schreibe, was ich für Dich empfinde – treibt Dich das eher in die Defensive? Magst Du es, wenn ich einen Schritt auf Dich zumache?

Bei mir ist das so, dass ich viel nachdenke und auch viel fühle, aber ich würde es Dir nicht schreiben, eben um mich nicht angreifbar zu machen. Und ganz oft ist es so, dass Du mir einen oder zwei Tage später genau das schreibst, was ich über uns denke. Ich bewundere es, dass Du Deine Gefühle so gut ausdrücken kannst und ich freue mich darüber. Du merkst ja, dass ich Dich noch nie in die Grenzen gewiesen habe. Ich habe Dir noch nie mitgeteilt, dass ich es nicht will, dass Du mir gefühlvolle Sachen schreibst. Aber ich selbst schreibe Dir das nicht. Um mich selbst zu schützen.

Wie kann man sich als Loslasser überhaupt richtig verhalten?

Puh, sehr schwierige Frage. Ich glaube, da gibt es kein Patentrezept, weil sich ja beide entwickeln sollen. Wenn der Loslasser sich verstellt, nur um den Gefühlsklärer nicht zu verprellen, tut er sich ja selbst keinen Gefallen. Der Loslasser ist irgendwie immer eine Nasenlänge voraus, habe ich das Gefühl. Dein Tempo, Sandra, kann ich auf keinen Fall halten. Deshalb lasse ich mich nicht auf Dich ein, weil ich dann wieder Angst hätte, dass Du ungeduldig wirst, weil ich mich nicht so entwickle, wie Du es für Dich selbst vielleicht brauchst. Und ich habe eben mein Tempo, die Dinge zu erfahren, zu verstehen und umzusetzen. Da passen wir dann einfach nicht zusammen. Ich finde, Du marschierst mit einem enormen Tempo durch die Transformation. Das macht mir wieder Angst und ich ziehe mich zurück.

Fühlst Du meine Gefühle, also wenn es mir schlecht geht oder wenn ich wütend auf Dich bin?

Wenn ich ehrlich bin, ist mir das noch nicht so aufgefallen. Aber ich werde mal darauf achten. Ich merke aber an Deinen Mails, am Schreibstil, wenn Du knatschig bist oder wenn etwas nicht so läuft, wie Du das gerne mit mir hättest.

Hast Du Angst, dass ich Dich loslasse?

Natürlich habe ich Angst vor dem Moment, in dem ich feststelle, dass Du mich losgelassen hast. Aber es würde an meiner Liebe ja nichts ändern. Ich würde dann allein mit meiner Liebe zu Dir zurück bleiben und könnte sie nicht ausdrücken, in dem wir uns treffen.

Beobachtest Du, was ich tue? Spionierst Du beispielsweise übers Internet aus, was ich mache?

Nein, das mache ich nicht. Weil mir es nicht wichtig ist, was Du machst.

Das verstehe ich nicht...?

Naja, ich sehe Dich nicht als Beziehungskandidatin. Du bist halt Sandra, meine Dual. Ich muss nicht alles von Dir wissen. Deshalb stört es mich auch nicht, dass Du inzwischen Tantra machst.

Denkst Du auch 24 Stunden an mich?

Ja, definitiv.

Wenn Du an Deine Zukunft denkst – was geht Dir da durch den Kopf?

Puh, keine Ahnung. Ich denke sehr oft an unsere Zwillinge, die nicht auf die Welt kamen und frage mich, wie sie wohl aussehen würden oder was sie machen würden. Und ich frage mich, was passiert wäre, wenn wir auf dem Stand, auf dem wir jetzt sind, mit diesem Bewusstsein, zusammengekommen wären. Wie sich dann unsere Beziehung entwickelt hätte. Diese Frage beschäftigt mich schon oft. Aber jetzt habe ich meine Beziehung, in der ich glücklich bin, weil sie mir absolute Sicherheit gibt. Ich kann hier mein Tempo leben. Hier passiert mir nichts. Niemand verletzt mich. Deshalb gebe ich diese Beziehung nicht auf.

Redest Du mit Deiner Freundin über die Gefühle zu mir und dass wir Kontakt haben?

Ich rede mit ihr beispielsweise über unsere Zwillinge. Aber über Dich? Nein. Das würde sie nicht verstehen. Ich mache das mit mir alleine aus. Und ich will meine Beziehung auch nicht gefährden. Meine Beziehung gibt mir Sicherheit. Hier kann ich sein, wie ich bin. Ich glaube, Du würdest mich ziemlich fordern, meine Aufgaben anzugehen, Sandra. Dem fühle ich mich nicht gewachsen.

Vermisst Du mich?

Oh ja, ich vermisse Dich oft sehr.

Wie fühlst Du Dich in den Rückzugszeiten, die Du einleitest?

Wie vorhin beschrieben: Einfach sicher.

Was sind die Gründe, warum Du Dich dann bei mir meldest?

Ich weiß nicht genau, was es ist. Ich will einfach etwas von Dir hören oder lesen. Manchmal kann ich auch das Alleinsein nicht aushalten. Es fehlt mir irgendwas. Du bist halt meine andere Hälfte. Ich kann das nicht anders erklären. Ich will einfach wissen, wie es Dir geht – das reicht mir schon, dann geht es mir wieder gut.

Wie geht es Dir, wenn Du so meine Entwicklung beobachtest?

Ich kann immer nur staunen, wie schnell Du alles angehst und umsetzt. Jedes Mal, wenn wir uns sehen, hast Du wieder einen Quantensprung gemacht. Das finde ich toll. Und ich will Dich auf keinen Fall aufhalten. Gleichzeitig will ich, dass auch Du mich nicht in meiner Entwicklung aufhältst.

Bemerkst Du einen Unterschied zwischen dem Sex, den wir als Dualseelen hatten und Sex mit einer „normalen" Partnerin?

Oh ja! Wie soll ich es beschreiben…Wenn wir miteinander Sex hatten, dann war das wie eine Vereinigung auf allen Ebenen. Eine unglaubliche Energie. Es ist wie eine Verschmelzung der Seelen. Es ist einfach anders, unbeschreiblich. Der Sex mit einer normalen Partnerin im Alltag ist für mich nur eine Triebbefriedigung, das gebe ich ehrlich zu.

Hast Du Angst, mich zu verlieren?

Ja, die Angst war da, in unserer Partnerschaft. Und es kam ja dann tatsächlich dazu, dass ich Dich verloren habe. Ich habe viel Mist gebaut. Und es tut mir leid, was passiert ist. Aber jetzt lebe ich damit, wie es ist.

Was befürchtest Du, wenn Du Deine Gefühle aussprichst?

Wie vorhin erwähnt: Ich habe unglaubliche Angst, verletzt zu werden und angreifbar zu sein. Das hängt unter anderem mit meinem Umfeld zusammen und darüber bin ich mir im Klaren. Aber ich kann das jetzt einfach nicht ändern. Und momentan will ich das auch nicht ändern.

Denkst Du, dass wir viel voneinander lernen und uns beim Wachstum helfen?

Ja, auf jeden Fall. Ich denke, dass wir uns immer als Beispiel dienen und wir können voneinander abschauen.

Warum ist die Kommunikation mit Dir manchmal so zäh? Mal schreibst Du viel – dann wieder nichts...

Ja, das hängt einfach mit dem immer wieder kehrenden Thema von mir zusammen: Ich will nicht verletzt werden. Ich habe sehr, sehr große Angst davor, dass man mir weh tut.

Weißt Du, was ich mir von Dir wünsche? Ich will mich mit Dir auf ALLEN Ebenen reiben: Im Bett, im Alltag, in seelischen Bereichen! Ich will, dass Du mich an meine tiefsten Winkel meiner Seele führst, damit ich wachsen und heilen kann. Mit Lust und Leidenschaft. Es wäre eine ungemeine Tiefe, die da zustande käme und die ja auch schon vorhanden ist. Warum willst Du das nicht?

Ganz einfach: Ich könnte das gar nicht aushalten. Ich will mir das gar nicht anschauen. Ich will vieles gar nicht sehen. Und ich will mich nicht damit befassen. Es macht mir Angst. Und weil ich weiß, dass Du mich dazu herausfordern würdest, will ich mit Dir keine
Paar- Beziehung mehr. Ich bleibe lieber da, wo ich jetzt bin. Da ist es sicher. Da habe ich mich auf einen Level eingependelt, den ich „Zufriedenheit" nenne. Mir kann nichts passieren. Mit Dir an meiner Seite, Sandra, würden meine

Seele und mein Leben Achterbahn fahren. Und das kann ich einfach nicht ertragen. Ich mag mir manche Dinge einfach nicht anschauen. Deshalb sind wir da so unterschiedlich. Du bist die Hardlinerin und stülpst alles von innen nach außen und umgekehrt. Ich kann das einfach im Moment nicht.

Mein Fazit zum Interview mit Manuel

Das Gespräch mit Manuel hat mich sehr bewegt und ich bekam wirklich tiefe Einblicke in die Konflikte, die er als Gefühlsklärer mit sich herumträgt. Und was bedeutet das jetzt für meine Entwicklung? Ich habe das Gefühl, dass ich meine Entwicklung nicht bremsen soll, auch wenn Manuel ein anderes Tempo geht. Ich habe das Gefühl, dass genau das, was im Moment stattfindet, richtig und wichtig ist. Für ihn und für mich.
Eigentlich wollte ich viel mehr in mein Fazit schreiben und die Vor- und Nachteile auflisten. Aber mein Herz sagt: Es ist alles gesagt.
Was ist, ist.
Herzliche Grüße.
Eure Sandra

Interview 2, Alexander aus Österreich, Gefühlsklärer & Leser von Sandra

Alexanders Vorwort:

Ich bin ein Geistheiler, Lichtarbeiter und da habe ich einen anderen Bezug zu meiner Seele. Das, was ich im Interview antworte, stammt teils von meiner CHI-Seele, teils von mir, und der Rest von Engeln. Ich bin 43 Jahre alt, bin in einer Beziehung, habe eine Tochter. Ich habe mich auf meine Dualseele unbewusst vorbereitet und all meine Probleme geklärt. Bin momentan noch dabei, meinen Körper zu reinigen. Und im Herbst wird es wahrscheinlich so weit sein: Ich werde auf meine Dual treffen. Der Gefühlsklärer ist ein Lichtarbeiter. Er muss alle Menschen, die er in seinem Seelenauftrag stehen hat, sozusagen aufwecken. Und diese Menschen sind noch in einer tieferen Schwingung, da sie ja noch nicht aufgewacht sind! Deswegen kann der Gefühlsklärer Schwingungswechseln vornehmen. Dafür braucht er aber seinen Loslasser, der das Verbindungsband hält! Das heißt der/ die Loslasser/in muss in der steigenden Schwingung weiter gehen, ohne sich umzusehen, der Gefühlsklärer folgt dem Band. Ohne dieses würde er nicht mehr aus der niederen Schwingung herausfinden. Das erklärt auch die Stimmungsschwankungen und die ständige Müdigkeit. Aber die Dualliebe wird von der geistigen Welt gefördert, und wird, wenn der Dimensionswechsel vorbei ist, wunderschön. Denn eine Dualliebe erzeugt für viele Menschen eine liebende Energie und deswegen wird diese Liebe gefördert, auch von Gott!

Wie hast Du Deine Dualseele kennen gelernt?

Ich kenne meine Zwillingsflamme noch nicht.

Dann erübrigt sich meine Frage, ob Ihr schon mal ein Paar gewesen seid...

Nein, die Frage hat ihre Gültigkeit: Wir waren in einem früheren Leben ein Paar. Im Hier und Jetzt sind wir es noch nicht, aber es ist schon geplant.

Aber wie kamst Du dann überhaupt auf das Dualseelenthema? Viele Menschen stoßen ja erst darauf, wenn sie eine Begegnung mit ihrer Dual hatten und das Gefühlschaos nicht verstehen.

Ich habe mein Höheres Selbst einmal gefragt wie meine Zukunft aussieht! Daher weiß ich, dass ich eine Dualseele habe.

Merken Gefühlsklärer, dass wir Loslasser unter ihren Aktionen, ihrem Verhalten, leiden? Und wie merken sie das?

Ich kann das nur so beantworten: Es hat ein einen bestimmten Grund, dass die Gefühlsklärer so sind.

Warum können sich Gefühlsklärer nicht auf eine Beziehung mit einem Loslasser einlassen?

Weil es noch zu früh ist! Der Selenpartner hat sozusagen noch ein paar ungeklärte Probleme. Wenn diese restlos geklärt sind, steht einer Beziehung nichts mehr im Weg.

Wie geht es einem Gefühlsklärer, wenn der Loslasser eine neue Beziehung mit jemand anderem eingeht oder sich verliebt?

Wenn es soweit ist, dass beide alles geklärt haben, wird es sowieso zu einer Beziehung zwischen Loslasser und Gefühlsklärer kommen.

Wie geht es dem GK, wenn er auf der einen Seite mit dem Herz am LL hängt, gleichzeitig aber eine Beziehung mit jemand ganz anderem lebt?

Er liebt seinen Loslasser, muss aber in einer tieferen Schwingung Menschen beim Erwachen helfen, unbewusst natürlich. Denn die Gefühlsklärer sind, so mein Chi-Engel, alle Lichtarbeiter.

Denkt ein GK auch so oft an den LL und wenn ja: Was denkt er? Positives? Negatives?

Er denkt mit dem Herzen dauernd an seine Loslasserin. Nur sein Verstand verwickelt sich in Träumereien und Ängste. Negatives denkt er nicht.

Erkennt der Gefühlsklärer die Aufgaben, die ihm sein Loslasser stellt, oder ignoriert er alles?

Das kann ich nicht beantworten! Denn ich bin auch ein Geistheiler und fühle nicht so wie die meisten Gefühlsklärer.

Erkennt ein GK auch die Dualseelenzeichen im Alltag wie Initialen auf Nummern-

schildern, Menschen mit gleichem Vornamen usw.?

Er hat die gleiche Seele und spürt vieles gleich wie seine LL.

Wann leidet ein GK? Und wie leidet er?

Da er in einer tieferen Schwingung als seine LL ist, leidet er viel stärker als seine LL unter der Trennung.

Träumt der GK von seinem LL?

Da muss ich eindeutig ja sagen

Hält ein Gefühlsklärer die Dualseelenliebe für eine Spinnerei oder kann er sie akzeptieren und daraus etwas schöpfen?

Er liebt seine Dualseele, kann es aber nicht nach außen zeigen. Das hat aber nichts mit seiner Loslasserin zu tun.

Warum will ein GK überhaupt Kontakt zu seinem LL?

Sie sind miteinander verbunden durch ein Band und wenn es so weit ist, wird er zu seiner Loslasserin zurückkommen.

Wieso zieht sich ein GK immer wieder zurück, obwohl Harmonie besteht?

Das tut er nur zum Schutz, für seine LL, aber unbewusst. Der LL soll seine Aufgaben erkennen und bewältigen.

Warum steht das Verhalten eines GK so oft im Widerspruch zu dem, was er sagt und fühlt? Er sagt zum Beispiel: „Ich vermisse Dich und will Dich öfter sehen" und dann meldet er sich wochenlang, monatelang nicht?

Ihr wartet auf die Dualseele, seid schon in der Energie der Partnerschaft und könnt darum nicht verstehen, was passiert ist. Es obliegt der Übergangsphase und der Zeitbeschleunigung, dass Eure Partner noch nicht mit euch sind.

Wie denkt ein GK überhaupt über uns LL?

Gehe weiter voran, das Seil in deinen Händen ist das rote Sicherheitsband der Absprache in Liebe. Es wird nie reißen, und die Verbindung zu deiner Liebe besteht, auch wenn du sie nicht spürst.

Was hat sich im Leben des GK seit der Begegnung mit seinem LL getan, verändert?

Ihr habt euch bereits vor eurer Geburt miteinander abgesprochen Eure Begegnung und Euer Zusammenleben. Also schaue nach innen, gehe nach vorn und drehe Dich nicht um.

Warum reagiert ein GK mit Rückzug, wenn er von seiner DS erfährt, dass ihr viel an ihm liegt?

Viele von euch haben sich eine geheilte Partnerschaft aufgeschrieben und transformieren darum alte karmische Ängste und Verstrickungen vor der Partnerschaft.

Wieso fällt es einem GK so schwer, offen über seine Gefühle zu sprechen?

Wahrscheinlich hat er Angst vor der Liebe. Die Lösung liegt im Erkennen, Anschauen und Loslassen.

Warum kann ein GK keine klaren Schnitte machen? Warum sagt ein GK nicht: „Ich habe eine Partnerin, die ich sehr liebe. Ich finde Dich nett, aber mehr auch nicht. Lass uns Freunde sein.“ ? Wieso sendet er immer so unklare, schwammige Botschaften?

Er hat seine Gefühle momentan nicht unter Kontrolle da so viel um und mit ihm passiert.

Warum behandelt ein GK seinen LL so oft wie Luft?

Dessen ist er sich nicht bewusst.

Warum antwortet ein GK oft nicht auf die Fragen und Grußmails seines LL?

Weil er in einer Beziehung ist, die ihn kontrolliert! Er kann es nicht oft tun so wie er möchte.

Wenn man als LoslasserIn den/die GefühlsklärerIn von sich aus kontaktiert, treibt das diesen/diese eher noch mehr in die Defensive? Oder wäre er/sie manchmal dankbar für einen Schritt auf ihn/sie zu?

Sofern er es nicht ablehnt, weil er sich kontrolliert fühlt, könnte das ihm wieder Energie zum Weitermachen geben.

Wie soll man sich überhaupt richtig als LL verhalten? Was wünscht sich der LL?

Am besten wäre es, wenn der LL voraus geht und sich dessen bewusst wird, dass der GK ihr/ihm folgt.

Fühlen GK dieselbe Sehnsucht? Dieselbe reine Liebe?

Wenn sie einmal Zeit haben, zerfließen sie in Sehnsucht und Liebe.

Fühlen GK auch die fremden Gefühle, also die des LL?

Wenn sie in der Nähe sind, ja!

Ist es wirklich so, dass GK Angst haben, wenn wir loslassen?

Ja!

Monatelang kein Kontakt scheinen GK viel besser "wegzustecken" – wie machen sie das?

Es gibt in der geistigen Welt einen Schutz für so was. Nur in bestimmten Situationen packt ihn (sozusagen) die Sehnsucht nach seiner LL.

Beobachten GK, was wir LL tun, indem sie bspw. WhatsAPP nutzen?

Das kann ich nicht beantworten, da ich es nicht weiß.

Dieses rund um die Uhr im Kopf sein, kennen das auch GK?

Nein, dafür haben sie den Schutz.

Wenn der GK an seine Zukunft denkt – was geht ihm da durch den Kopf?
Das er mit seiner LL eine neue Zukunft beginnt. Die noch nicht geschrieben ist!

Vermissen GK ihre LL? Und wenn ja: Was vermissen sie?

Ja, sie vermissen sie. Ich kenne meine noch nicht und trotzdem ist meine Sehnsucht nach ihr von Tag zu Tag grösser.

Was fühlt ein GK in der Rückzugzeit?

Die Sehnsucht nach dem Tag der Verbindung.

Was sind die Gründe, wenn sich ein GK beim LL meldet?

Er hält die Spannung nicht aus!

Wie geht es einem GK, wenn er die Entwicklung eines LL beobachtet?

Er zerfließt in Liebe, wenn er sie sieht.

Bemerkt der GK Unterschiede beim Sex, den er mit dem LL hat und mit jemand anderem?

Auf jeden Fall! Mit keiner/keinem anderen wird er solche Gefühle haben wie mit seiner Dualseele.

Wie empfindet der GK den Sex mit dem LL?

Traumhaft und mit nichts zu vergleichen.

Hat der GK Angst, den LL zu verlieren? Warum? Er will ja eh nicht mit ihm zusammen sein.

Er hat keine Angst. Denn hier greift wider der Schutz ein.

Was befürchtet der Gefühlsklärer, wenn er seine Gefühle äußert?

Er darf es noch nicht, um seine LL nicht zu verletzen; sie soll ihren Lernweg gehen.

Kann er meine Gefühle, die ich ihm gegenüber habe, fühlen, auch wenn wir keinen direkten Kontakt haben?

Ist vom GK abhängig. Es gibt hellfühlige und weniger hellfühlige Gefühlsklärer.

Geht es ihm auch so, dass er glaubt, dass beide Ds-Partner viel voneinander lernen können und sich gegenseitig beim seelischen Wachstum helfen können?

Ja!

Ist ihm klar, dass beide eine wichtige Aufgabe zu erfüllen haben?

Eben das ist das, was ich schon die ganze Zeit sagen will.

Warum ist die Kommunikation von Seiten des GK oft so zäh? Mal schreibt er ganz viel – plötzlich wieder nichts?

Es kommt die Zeit da werdet ihr zusammen eine neue Welt bewohnen. Der GK ist ein Lichtarbeiter und bringt unbewusst Menschen in seinem Umfeld zum Erwachen. Und weil er/sie so einen wichtigen Dienst für die Geistige Welt macht, hat Gott höchstpersönlich diesen Schutz über diese Menschen gelegt. Das heißt, die Liebe wird blockiert. So auch die Gefühle und die Gedanken. Und nur aus dem Grund, weil noch Schattenwesen hier sind, die die Liebenden angreifen. Und Dualseelen sind nun mal die am höchsten Liebenden auf dieser Welt. Sobald diese Schattenwesen weg bzw. aufgelöst sind, wird dieser Schutz von Gott wieder aufgehoben.

Mein Fazit zum Interview mit Alexander:

Die Antworten von Alexander waren eine große Herausforderung für mich. Obwohl sie kurz und sehr knapp sind, saß ich mit einem riesigen Fragezeichen vor dem Text. Erst dachte ich: „Das ist zu kryptisch. Das kann niemand verstehen. Ich kann das nicht veröffentlichen.“ Dann, nachdem ich eine Nacht darüber geschlafen habe, dämmerte es mir langsam. Alexanders Antworten geben zumindest mir einen Hinweis darauf, welch geistige Aufgabe in der Dualseelenbeziehung verborgen ist. Wenn wir an die Dualseelenbeziehung denken, so drängt sich erst mal immer das alte Ego-Muster auf: „Er tut dies nicht, er tut das nicht – obwohl wir uns lieben, sind wir nicht zusammen. Das ist doch nicht normal.“ Wir pressen die Dualkiste noch immer in unser antrainiertes Beziehungsschema „wenn-dann“: „Wenn er Dich lieben würde, dann würde er sich auch trennen.“ Aber so einfach scheint es gar nicht zu sein. Alexanders Antworten lassen mich erahnen, welch tiefer Sinn in der Dualseelenbegegnung steckt. Dass wir unsere Aufgaben lösen müssen, ist ja allgemein bekannt und wurde schon x-mal geschrieben und verkündet. Ich behaupte, eine sehr fleißige und konsequente Transformiererin zu sein, auch wenn ich manchmal echt kein Land mehr sehe und auch erschöpft bin. Aber irgendwie macht alles rückblickend betrachtet doch immer Sinn, auch wenn man den in genau dem Moment nicht sehen kann.

Alexanders Antworten hinterlassen bei mir, nachdem ich etwas Abstand hatte, ein Gefühl der Bestätigung: Es ist da was Großes im Gang. Ein Paradigmenwechsel, ein Aufstieg, eine Veränderung. Das Alte zerbricht. Das Neue kommt. Nur was das ist...das wissen wir wohl alle noch nicht so genau. Aber die Dualseelenbeziehungen sind wohl eine Art Werkzeug, um das Neue zu installieren. Um mitwirken zu können, müssen wir vorbereitet sein und all unsere Ängste und Zweifel ablegen. Das, was da stattfindet, können wir mit unserem Schulverstand überhaupt nicht nachvollziehen – deshalb tut die Dualseelenkiste wohl auch so weh. Und Alexander vermittelte mir auch ein völlig neues Gefühlsklärer-Bild: Der Gefühlklärer ist für mich nicht mehr das Weichei, das sich nicht entscheiden kann und die Loslasser mit seinem Phlegma quält. Der Gefühlsklärer hat für mich die Bedeutung eines Meisters be-

kommen, eines Führers, der Dir als Loslasser den Weg leuchtet. Würden wir dies alles in einer Anleitung erklärt bekommen, auf der Verstandesebene, dann würden wir ununterbrochen über das Warum und Weshalb diskutieren. Wir würden eine Aufgabe aus dem Verstand heraus erledigen. Aber nicht aus der Herzensliebe.
Für mich sind beide Interviews eine völlige Bereicherung. Das Gelesene hat Einzug mein Herz. Und ich fühle, dass es künftig wirklich nur noch ums Herz und damit um die Seele geht.

Herzliche Grüße.

Eure Sandra Silber